# LES CAPUCINS SANS BARBE,

*HISTOIRE NAPOLITAINE.*

1761.

# AUX CAPUCINS
## *DE FRANCE.*

MES RÉVÉRENDS,

*L'HISTOIRE des Capucins de Naples ne pouvoit paroître ſous de meilleurs auſpices que ſous les vôtres. Si, comme ces Religieux, on vous avoit vû vous livrer aux dernieres extrêmités contre ceux de vos Confreres qui ne ſont pas partiſans des barbes, c'eût été vous inſulter, ou au moins vous ridiculiſer, que de vous offrir cet ouvrage ; & franchement, je ne l'aurois pas fait, car je ne ſuis ni méchant, ni mauvais plaiſant : mais on connoît, dans ce pays-ci, l'averſion que les barbes vous inſpirent ; & on n'ignore pas que ſi, dans une aſſemblée générale de l'Ordre, on délibéroit ſur leur ſort, excepté les anciens Peres, qui tiennent toujours avec opiniâtreté aux vieux uſages, on vous verroit bientôt débarbifiés. Vous ne pouvez donc que très-bien accueillir cette hiſtoire. Elle a eu l'art de vous plaire manuſcrite, & j'oſe attendre que l'impreſſion ne lui fera rien perdre de ſon prix. Heureux ſi ſa lecture faiſoit naître parmi vous un ſecond Frere Charles ; & ſi, avec autant de fermeté que lui, on le voit un jour ſe déclarer l'ennemi des barbes ! J'aurois en ce cas, tout en m'amuſant, rendu un aſſez grand ſervice à la plûpart de vous, mes Révérends, & à la Société même, en lui reſtituant une infinité de perſonnes, qu'elle n'avoit proſcrit de ſes cercles, que parce qu'elles s'en étoient exclues elles-mêmes.*

# AVERTISSEMENT.

CETTE Histoire n'est point un être de raison ; les Gazettes d'Utrecht, des Pays-Bas * en ont attesté la réalité : il ne faut donc pas la confondre avec cette foule de Mémoiress & d'Histoires dont les moindres circonstances n'ont jamais existées que dans l'imagination de leurs Auteurs : le fond de celle-ci est exactement vrai ; & si le fait simplement & séchement rapporté dans les papiers publics a bien intéressé ceux qui les ont lûs, l'Auteur ne peut-il pas se promettre d'amuser encore, après avoir puisé dans une seule circonstance la matiere d'une Histoire suivie & d'une certaine étendue : il a été obligé pour cela d'avoir recours aux épisodes, de faire naître mille circonstances antérieures & postérieures à l'événement principal, de les y lier, sans cependant l'altérer.

Son ouvrage étoit, sans doute, susceptible de plus d'incidens & de plus d'intérêt qu'on n'y en trouvera. Son style auroit aussi pû être plus soigné, plus concis ; mais outre que dans les matieres de pur agrément, comme dans celle-ci, une narration simple & sans apprêt, un peu négligée même, est souvent la meilleure : les Lecteurs voudront bien encore faire attention que cette Histoire devant l'être à une circonstance récente, il étoit essentiel qu'elle parût

* Des 25 & 26 Juin 1761.

ſans délai, & par conſéquent impoſſible de remplir tous ces objets. Cette circonſtance une fois perdue de vue, on auroit regardé l'ouvrage comme totalement romaneſque; & c'eſt ce qu'on vouloit éviter.

D'ailleurs un ouvrage de vingt-quatre heures ne ſort pas du métier auſſi poli, auſſi perfectionné, qu'un autre qui auroit pû y reſter ſix mois, ſans rien perdre de ſon mérite; & puis l'Auteur ſe trompe beaucoup, ſi tel qu'il le préſente au Public, on ne le lit pas encore avec plaiſir.

On auroit bien voulu ſuivre dans la partie typographique la méthode tracée par M. Marmontel, dans la Préface de ſes *Contes moraux*; c'eſt-à-dire qu'au lieu des *dit-il*, & des *dit-elle*, fort inſipides, & qui refroidiſſent l'intérêt dans les morceaux vivement dialogués, employer deux petites barres pour indiquer que c'eſt un nouveau perſonnage qui parle: mais cette méthode eſt ſi nouvelle, que la plûpart des Imprimeries manquent encore des choſes néceſſaires pour la mettre en pratique. On a été néceſſité de ſubſtituer à ces barres des petits points, auxquels on a attaché le même effet. Il eſt cependant quelques endroits où ces points ont un tout autre objet: ils ſont, par exemple, encore employés quand celui qu'on fait parler ne dit pas tout ce qu'il a à dire, quand il eſt interrompu, ou tellement agité qu'il prend en un inſtant différens partis. C'eſt aux Lecteurs à ſaiſir cette différence: de deux inconvéniens on s'eſt attaché à éviter le plus conſidérable.

# TABLE
## DES CHAPITRES.

LES

# LES CAPUCINS SANS BARBE,

## HISTOIRE NAPOLITAINE.

## CHAPITRE PREMIER.

*Charlot & Lisette sont élevés dans un Hôpital; ils entrent l'un & l'autre au service d'une Comtesse.*

DE tous les établissemens qui sont honneur au cœur de l'homme, ceux qui sont destinés à élever & éduquer la jeunesse indigente, sont les plus respectables.

Dans une petite Ville près de Naples eſt un de ces aſyles ſacrés, où Charlot & Liſette, malheureux dès leur naiſſance, furent élevés. Comme ils étoient du même âge, & à peu près du même endroit, ils ne ſe quittoient preſque jamais : ils avoient des ſecrets pour eux ſeuls ; & la parfaite intimité dans laquelle ils vécurent toujours, on l'avoit vû croître avec eux.

Parvenus à l'âge de quatorze ans, & en état de gagner leur vie, il fallut donner leurs places à d'autres jeunes malheureux à qui elles étoient néceſſaires : ce ne fut qu'avec beaucoup de peine qu'on s'y détermina ; leur docilité, leur obéiſſance, leur tranquillité les avoient rendus chers à tout le monde ; on voulut au moins en les quittant, puiſqu'il le falloit, leur donner des marques de la bienveillance qu'ils s'étoient attirés.

Une Comteſſe du voiſinage avoit préciſément alors beſoin d'une Femme de chambre & d'un Cuiſinier ; on lui propoſa Charlot & Liſette. L'un, diſoit-on, a un goût exquis, & une délicateſſe infinie, pour accommoder les viandes ; tout ce qu'il fait, il le fait avec une propreté qui enchante ; ſes diſpoſitions ſurpaſſent celles ordinaires à ſon âge. L'autre eſt douce & ſerviable, polie & prévenante ; il y a une infinité de petites choſes qu'elle fait avec grace : & un mérite commun à tous deux, eſt une fidélité à toute épreuve.

La Comteſſe ne tint pas à ſes éloges ; elle ſçavoit que de la maiſon que quittoient Charlot & Liſette, il n'en ſortoit ordinairement que de bons ſujets ; elle ne ſe fit pas prier, & nos jeunes gens furent reçus avec bonté, ſans plus d'explication.

Pendant cinq à ſix ans qu'ils reſterent à ſon ſervice, ils ne démentirent jamais la bonne opinion qu'elle avoit conçue d'eux. Ce n'étoient pas de ces domestiques grondeurs qui trouvent qu'on exige toujours trop d'eux ; ils remplissoient au contraire tous leurs devoirs avec zele, avec cet intérêt & cette sage économie qui semblent dire que ce soit de ses propres choses dont on a soin.

Cependant l'intelligence qui regnoit entre Charlot & Lisette inquiétoit quelquefois la Comtesse ; elle leur en parloit, non pas avec ce ton d'aigreur qui dispose à la dissimulation & au mensonge, mais avec cette sorte d'aménité & cet intérêt qui forcent à la vérité comme malgré soi. » Mes enfans, leur disoit-elle, l'amitié » qui vous unit m'allarme pour vous ; » vous ne faites que naître, vous êtes » aussi purs qu'au sortir des mains de la » Nature, & cependant déjà vous vous » aimez ; vous croyez en cela ne suivre » qu'un penchant naturel & innocent,

» & vous ignorez jusqu'où ce penchant, » qui vous paroît si doux, peut vous conduire. La Nature, quoique sage, a besoin du flambeau de la Raison, & je » veux aujourd'hui vous éclairer. Souvent, à votre âge, on est bien criminel, lors même qu'on ne connoît pas » le vice ; il est possible que vous ne soyez » pas nés l'un pour l'autre, & si l'un de » vous vient à cesser d'aimer, ou à tourner ses vûes d'un autre côté, quelle » douleur n'éprouvera pas celui qui demeurera fidele ; sa constance empoisonnera ses jours, sa fidélité sera son bourreau. Avant que vous soyez unis, Charlot ne peut-il pas mourir ? Ah ! ma » bonne Lisette, que cette séparation est » cruelle ! qu'elle coûte de pleurs ! Et toi, » Lisette, ta sensibilité peut te mener » loin. Qu'un cœur comme le tien est un » fatal présent ! Crains de t'oublier dans » les bras de ton ami. Des complaisances

» d'une certaine eſpece te deshonore-
» roient pour toujours, & tu n'en reti-
» reroit pour tout fruit que le mépris de
» tous ceux qui te connoiſſent. Si vous
» m'en croyez, vous vous verrez moins
» ſouvent; vous éviterez ſur-tout ces
» têtes-à-têtes dangereux, où on croit
» bien faire en diſant tout ce que le cœur
» dicte. Peut-être par ce moyen, vous
» épargnerez-vous bien des malheurs.

» Madame, répondit ingénument Char.
» lot, Liſette & moi avons éprouvés les
» mêmes infortunes; privés l'un & l'au-
» tre, dès les premiers inſtans que nous
» avons vûs le jour, de ceux qui nous
» l'avoient donné, nous fûmes élevés dans
» le même Hôpital. La reſſemblance de
» ſituation nous a liés; & ſi nous nous
» aimons à préſent, nous nous ſommes
» toujours aimés: mais nos cœurs ſont
» droits & ſans détours. Nous ne vivons,
» il eſt vrai, que l'un par l'autre, que l'un

» pour l'autre; mais quand je suis auprès
» de Lisette, je me sens pénétré de res-
» pect, je n'ose la toucher, elle m'est trop
» chere pour que j'aie jamais l'idée de la
» deshonorer; & puis je ne suis pas hom-
» me ni à la maltraiter, ni à l'invectiver. «

La franchise de cette réponse, & la candeur des sentimens de Charlot rassurerent pleinement la Comtesse sur le sort de Lisette; elle comprit facilement que dans deux cœurs aussi simples & aussi droits, l'amour devient rarement un vice.

Ainsi tous étoient, dans cette maison, autant heureux & contens qu'il est possible de l'être. La maîtresse s'applaudissoit d'avoir des domestiques aussi entendus, aussi économes, aussi bien unis; & les domestiques se félicitoient à leur tour de servir une Dame aussi tranquille, aussi bienfaisante & aussi respectable.

# CHAPITRE II.

*Lisette est enlevée par un ami du frere de la Comtesse ; suites de cet enlevement.*

NOUS avons laissé, dans le chapitre précédent, Charlot & Lisette satisfaits de leur situation. Que les choses vont changer de face dans celui-ci !

Il y a par-tout des hommes, qui, nés pour le malheur des autres, semblent n'être occupés qu'à désoler les familles & déranger l'ordre. Un des freres de la Comtesse vint passer chez elle une partie de l'été, & amena avec lui un ami. Cet homme avoit la manie d'aimer toutes les femmes ; il vit Lisette, & en devint, suivant sa louable coutume, très-amoureux. Il ne s'amusa pas à perdre le tems en tendres déclarations d'amour, ni à faire parler ses présens en sa faveur : il connoiſſoit aſſez Liſette pour être convaincu qu'elle ne ſe laiſſeroit pas prendre à tous ces piéges ; il conçut le deſſein de l'enlever de plein vol.

Liſette s'étoit chargée du ſoin d'arroſer tous les ſoirs quelques fleurs du jardin de ſa maîtreſſe, & malheureuſement ce jardin étoit fort éloigné du corps de logis. Ce fut un des momens qu'elle donnoit à cette occupation, que d'Alberoni, cet ami du frere de la Comteſſe, choiſit pour exécuter ſon projet.

Un ſoir que, l'arroſoir à la main, elle donnoit à ſon parterre, deſſéché par le ſoleil, une nouvelle vie, & que les plantes fannées reverdiſſoient à la chute de cette petite pluie, deux miſérables qui étoient cachés ſous les arbres la ſaiſirent ſubitement, lui mirent un mouchoir dans la bouche, & la firent entrer dans une chaiſe qui l'attendoit. La pauvre Liſette évanouie, n'oppoſa aucune réſiſtance : elle ne reprit ſes eſprits qu'au bout de quelques heures ; & déjà elle étoit arrivée à Naples, logée dans un appartement ſuperbe, & couchée ſur un lit magnifique. Cet événement lui paroît d'abord une illuſion ; elle croit rêver ; elle ſe leve, & voit qu'elle ne rêve point.

D'Alberoni paroît alors : Vous devez être étonnée, Mademoiſelle, lui dit-il, de la ſcene qui vient de ſe paſſer ; j'eſpere que vous la ſerez moins, dès que vous en connoîtrez les motifs.

Quels qu'ils puiſſent être, votre procédé n'en eſt pas moins barbare, reprit vivement Liſette. Quels droits avez-vous ſur moi, Monſieur, pour diſpoſer de mon ſort, pour m'enlever à une maîtreſſe à laquelle je ſuis attachée ? Quoi ! vous avez pû, ſans trembler, violer les droits les plus ſacrés, ceux de l'honneur & de l'hoſpitalité ? Rendez-moi la liberté, dont vous me privez injuſtement ; voilà,

Monſieur, tout ce qui vous reſte à faire, ſi vous ne voulez paſſer pour l'homme le plus perfide qui fut jamais.

Adorable, Liſette, écoutez; de grace, écoutez-moi; votre courroux ſera juſte, juſqu'à ce que vous ſoyez éclaircie : permettez que je vous faſſe connoître mes vûes. Je n'ai pû vous voir, continua d'Alberoni, ſans être pénétré de l'état mépriſable où vous étiez réduite, & pour lequel vous n'étiez ſûrement pas faite. Tout annonce chez vous que vous deviez jouer un autre rôle. J'ai fait meubler cet appartement, vous y trouverez tout le néceſſaire, & peut-être un peu de l'agréable; vous y ſerez ſouveraine, vous y commanderez. Voilà mes torts, jugez-moi. Mais ſi je n'ai fait que tout ce qu'un autre, à ma place, auroit fait; ſi votre poſition étoit telle qu'elle impoſoit, à tous ceux qui vous voyoient, le devoir de la changer, ſuis-je donc auſſi mépriſable que vous le penſez?.... Je ne ſuis pas dupe de tous ces prétextes, lui répondit Lisette; on ne sçauroit mieux voiler que vous le faites les desseins les plus criminels, & je vois bien que ce coup-ci n'est pas votre coup d'essai. Il faut que vous l'appreniez, Monsieur, vous avez trop bonne opinion de ma naissance. Je suis née pour être ce que je suis; & dès que mon état n'est exclusif ni des mœurs, ni de la vertu, il n'est point vil.

D'Alberoni vit bien à la fermeté de Lisette que de la vertu au crime le chemin est long; & que s'il est possible de vaincre les scrupules & de mettre en défaut les principes d'une fille sage, au moins ce n'est pas l'ouvrage d'un jour. Loin de l'irriter par une opiniâtreté malentendue, il se résolut à attendre du tems & des circonstances un traitement plus favorable. Jusqu'alors il fit donner à sa prisonniere, qu'il faisoit guetter à vûe, & à laquelle il avoit interdit les moyens de donner de ses nouvelles, tout ce qui eſt propre à faire illuſion à une jeune fille : étoffes brillantes, riches bijoux, tout fut mis en uſage.

Il n'y a plus de places imprenables depuis l'invention de la poudre, ſi on en croit une Héroïne moderne. Auſſi Liſette ſe laiſſa-t-elle prendre.

Que me ſervira, diſoit-elle, une ſévérité conſtante ? Je ſerai toujours captive, par conſéquent dans l'impoſſibilité de briſer mes liens & d'échapper à mon raviſſeur ; & puis qui ſçait ſi, fatigué de ma réſiſtance, il n'abuſera pas bientôt des droits que lui donne ma ſituation. Il faut céder.... Céder !... As-tu bien pû, malheureuſe Liſette, prononcer ce mot ſans frémir ? Tu ne ſeras donc plus digne de ton cher Charlot ? Dieux ! fourniſſez-moi un moyen plus honnête ! Quel état eſt le mien ! Je ne vois qu'horreurs de tous côtés, & ma vertu prête à m'abandonner.

A la premiere visite qui suivit ce monologue, d'Alberoni trouva une autre Lisette : elle le vit de bon œil, le reçut avec une sorte de satisfaction ; & en un instant, elle oublia avec lui toutes ses rigueurs.

Lisette étoit déjà criminelle, & elle se croyoit encore vertueuse : les motifs qui l'avoient fait céder, le projet d'évasion qu'elle méditoit ; tout cela, suivant elle, la justifioit pleinement : mais elle n'eut pas plutôt vû les ris & les jeux habiter chez elle ; elle n'eut pas plutôt goûté les douceurs d'une vie molle, oisive & sans vicissitudes, qu'elle ne pensa plus à quitter d'Alberoni, ni à retourner chez la Comtesse.

Tel est l'effet du déreglement qui prend sa source dans un cœur corrompu ; on attribue à des circonstances qui n'étoient rien moins que critiques, ce qu'on ne doit qu'à ses dispositions naturelles ; après avoir franchi la barriere qui ſépare le vice de la ſageſſe, on y croupit, & les vices dégénerent en habitude.

## CHAPITRE III.

*Charlot accablé de douleur de l'enlevement de Liſette, quitte la Comteſſe, & ſe fait Capucin.*

TANDIS que Liſette étoit parvenue aux dépens de ſa pudeur à paſſer des jours tranquilles, Charlot étoit en proye à la plus vive douleur, & la Comteſſe n'étoit pas moins allarmée. L'abſence imprévue de d'Alberoni ne permit pas de douter qu'il n'eût emmené Liſette avec lui. Quand on ſçu qu'il étoit parti en chaiſe de poſte avec une jeune fille, on n'en fut que trop certain.

Juſqu'alors Charlot avoit cru de bonne foi qu'il ſervoit ſa maîtreſſe par affection, qu'il lui étoit sincérement dévoué. Avec Lisette tout se faisoit bien, & dans son tems; sans elle tout fut négligé. Ce n'étoit donc que parce qu'elle étoit présente qu'il s'occupoit avec zèle, & que tous ses devoirs remplis, il trouvoit encore des momens pour l'entretenir. Cette nouvelle réflexion ajouta encore à ses chagrins. Il ne lui fut plus possible de soutenir l'idée de Lisette absente, de Lisette entre les bras d'un autre. Madame, dit-il à sa maîtresse, un jour après le dîner, j'aimois Lisette, vous le sçavez, & je l'ai toujours aimée; nous nous proposions de vous demander votre consentement à notre mariage, lorsque ce perfide Monsieur d'Alberoni l'a enlevée; toutes mes espérances sont tombées, mon bonheur est évanoui en un instant. Ce revers inattendu me dévore & me consume, & tout ici encore semble me fournir de nouveaux sujets de larmes, en me rappellant

pellant ſans ceſſe le portrait de l'idole de mon cœur. Permettez que je me retire, & que j'abandonne un monde où les injuſtices & les trahiſons coûtent ſi peu.

Tes regrets, Charlot, ſont légitimes, lui dit la Comteſſe; mais crains, en t'y livrant trop, de t'en préparer de plus cuiſans. Si tu m'avois cru, que de plaintes tu évitois! Peut-être que Liſette nous ſera rendue. Compte ſur les ſoins, ſur les démarches de mon frere; il eſt intéreſſé à découvrir ſon faux ami, & j'eſpere qu'il y réuſſira.

Eh! quand il y réuſſiroit, reprit Charlot, Liſette en ſera-t-elle moins deshonorée? Non, Madame, ma réſolution eſt priſe: vos bontés ont combattu autant qu'elles l'ont dû; mais c'en eſt fait, je vous quitte, & vais me faire Capucin.

Charlot ne remit pas l'exécution de ſon projet au lendemain, il part ſur le champ, ſe préſente au premier Couvent qu'il rencontre, & demande humblement l'habit de Capucin. Je sçais, dit-il au Gardien, assez bien faire la Cuisine, j'aime le travail.... Tout cela est fort bon, reprit le Gardien; mais il faut une dot. Une dot, repartit Charlot! Faudroit-il de l'argent pour faire vœu de pauvreté? Et vous, mon Pere, qui l'avez fait il y a long-tems, en recevriez-vous?... Non, nous n'en recevons pas, nos mains ne touchent jamais ce métal impur, source des divisions qui bouleversent le monde; nous avons des personnes chargées de ce détail.... Toute ma fortune, reprit Charlot, consiste en cent écus que j'avois amassés pour toute autre chose; si cela vous suffit, vous pouvez y compter.... Ce mot trancha toutes les difficultés. On lui fait endosser la livrée de S. François; & Charlot, maintenant Frere Charles, est instalé Cuisinier de la Maison.

Le premier jour devoit décider de la

considération dont il jouiroit par la suite. Il y avoit précisément élection d'un nouveau Supérieur, & toute la Communauté étoit en frairie. Le nouveau Frere Charles surpasse l'attente qu'on avoit de lui ; jamais Capucins ne furent traités aussi délicatement, & on s'applaudit d'une aussi bonne acquisition.

C'est le sort des talens médiocres de rester ensevelis dans le fond des Provinces, d'y végéter ; mais les talens transcendans doivent se produire au grand jour. Aussi le mérite de Frere Charles ne resta pas oublié : le bruit en vint jusqu'à Naples, où le Provincial ne tarda pas à l'appeller.

# CHAPITRE IV.

*Frere Charles arrive à Naples, se charge de la quête, & retrouve sa Maîtresse.*

SOUVENT les talens n'attendent que d'heureuses occasions pour se développer. Un Acteur sur un grand Théâtre, & vis-à-vis d'une assemblée recommandable, déploye plus de finesse, plus de jeu, plus d'ame, que sur des treteaux dans une Foire ; c'est ce qui arriva à Frere Charles. Après avoir soutenu à Naples sa réputation pour la cuisine, il fit connoître qu'il avoit de l'aptitude pour une autre partie. L'esprit de la Capitale avoit influé sur lui, & tellement influé, que s'il avoit reparu dans sa Province huit jours après l'avoir quittée, on l'auroit pris pour un grand homme. Il demanda à faire la quête dans la Ville; on y consentit, & jamais il ne revint au Couvent la besace vuide. Celui qui avoit ainsi l'art d'amener le bled au moulin ne pouvoit que devenir très-recommandable ; aussi le regardoit-on comme le pere nourricier de la Maison, comme un Ange tutélaire envoyé par le Ciel.

Comme cette Maison étoit très-nombreuse, il falloit faire la quête souvent ; Frere Charles apperçut un jour, dans un quartier éloigné, un Hôtel superbe, qui lui étoit échappé jusqu'alors. Le maître de ce logis ne peut être que très-riche, dit-il en lui-même ; voyons, tentons d'y entrer. Il se présente à la porte ; un Portier impertinent l'éconduit, en lui disant que Madame n'y étoit pas. Frere Charles se retire sans mot dire, & revient à la charge quelque tems après. Alors il affecte l'homme connu, il entre sans demander, & va droit à l'appartement ; il frappe doucement, & dit plus doucement encore : *Ave Maria*. On ouvre ; mais Madame n'étoit pas visible. Le bon Frere insiste. Le Portier m'a assuré qu'elle étoit levée, dit-il, & qu'elle recevoit toujours bien les Religieux mendians. Ce petit mensonge réussit au mieux. On annonce un Frere Capucin ; & Flavia ( c'est le nom de la Dame ) permet qu'on le fasse entrer. Frere Charles tout tremblant, & osant à peine appuyer ses pieds sur un parquet bien frotté, passe une antichambre, deux antichambres, entre dans un appartement où il se voyoit multiplier de tous côtés, traverse plusieurs cabinets, & entre enfin dans celui où étoit Flavia.

Madame, lui dit-il, en baissant les yeux, l'extrême indigence de notre Maison m'oblige à vous importuner : votre charité est si connue dans cette Ville, que je me suis flatté que vous voudriez bien y faire participer nos Peres.

Flavia avoit en effet le cœur extrêmement compatiſſant, & il ne lui étoit que très-rarement arrivé de prononcer des refus; elle donna deux écus au Frere Quêteur, qui les reçut ſans façon, tout Capucin qu'il étoit; & puis il ſe retira fort content de ſa hardieſſe, ſans avoir oſé lever les yeux ſur cette perſonne charitable.

Huit jours ſont à peine écoulés que Frere Charles retourne chez Flavia. Pour cette fois un peu plus hardi, il oſe l'envisager, il la regarde, puis la regarde encore; ſon cœur commence à palpiter; il ſe frotte les yeux, avance plus près, & regarde avec plus d'attention. Pour le coup la beſace lui tombe des mains, ſon teint pâlit & ſes yeux s'éteignent. Qu'avez-vous Frere, lui dit Flavia, vous trouvez-vous mal? Point de réponſe; le pauvre Diſciple de Saint François avoit perdu l'uſage de la parole. Flavia, toute étonnée, court à ſa toilette, épuiſe tous ſes flacons ; rien ne fait revenir le Frere. Quel embarras ! A quel Saint ſe recommander ! Appeller des domeſtiques, c'eſt les rendre témoins d'une ſcene qui peut tirer à conſéquence. Un Capucin évanoui dans la chambre d'une femme, & d'une femme telle que Flavia, cela feroit la gazette du jour, & Flavia en avoit déjà été aſſez ſouvent le ſujet. Elle ouvre ſes croiſées, l'air ſe renouvelle, à l'inſtant Frere Charles friſſonne ; l'air plus vif, plus actif & plus délié remet ſon ſang en mouvement ; & ce ſimple expédient, qui devroit toujours être le premier employé, fit ce que les odeurs de toutes eſpeces n'avoient pû faire.

Frere Charles revenu à lui-même, ouvre des paupieres languiſſantes. L'air pénétré, agité de Flavia, acheve de le remettre. Il ſe jette à ſes genoux : Ah ! que je reconnois bien, lui dit-il, en les ſerrant de toutes ſes forces, que je reconnois

nois bien à ces traits ma chere Liſette ! Tout cet extérieur qui l'environne, tout cet appareil qui la dépare, & qui n'eſt pas elle, m'a trompé une premiere fois; mais je n'en puis plus douter; oui, ces levres vermeilles, ces joues, quoiqu'enluminées, ſont celles que j'ai tant de fois baiſées chez la Comteſſe.

Flavia de ſon côté n'étoit gueres plus tranquille que ſon ancien Amant. Tout ce qui venoit de ſe paſſer avoit altéré ſa phyſionomie : mais plus accoutumée que lui aux ſcenes attendriſſantes, elle ſe remit bientôt de ſon trouble. Oui, mon cher Charlot, lui dit-elle, tu revois ta chere Liſette, cette Liſette qui te fus ſi chere, & qui maintenant n'eſt plus digne de ton amour, puiſqu'elle a pû t'oublier. Mais pourquoi faut-il que je te retrouve dans un état qui ne me permet plus d'avoir des droits ſur toi ? Dis-moi, mon intime ami, quel étrange coup t'a engagé à te faire Capucin ? Hélas ! répondit Frere Charles, si vous m'aviez aimé aussi parfaitement que je vous aime, il ne faudroit pas vous apprendre, qu'après vous avoir perdue, rien ne pouvant plus m'attacher au monde, il ne me restoit qu'à y renoncer pour jamais. Mais vous, ajouta-t-il vivement ; mais vous, par quel enchaînement de circonstances êtes-vous ici ? Quelle voye peut vous avoir conduite à une fortune aussi brillante ?

Flavia ne se fit pas prier ; elle lui rendit compte de tout ce qui lui étoit arrivé depuis que d'Alberoni l'avoit enlevée de chez la Comtesse.

## CHAPITRE V.

### *Flavia raconte ses histoires à Frere Charles.*

Il ne faut pas s'attendre à une sincérité bien scrupuleuse dans le récit que va faire

Flavia; c'eſt d'elle qu'elle a à parler, c'en eſt aſſez pour qu'on ne la chicane pas.

D'Alberoni, ce lâche raviſſeur, dit-elle à Frere Charles, me tint enfermée pendant plus d'un mois dans un appartement magnifique, qu'il avoit fait meubler exprès pour moi, dans un des fauxbourgs de cette Ville. Je réſiſtai avec un courage héroïque, pendant tout ce tems, à la violente paſſion dont il s'étoit épris. Menacée de le voir ſe livrer aux excès de ſa fureur irritée, & ma conſtance étant ſur le point de me devenir inutile, je me vis obligée de céder à la néceſſité, & de paroître partager un amour qui me faiſoit horreur. Que cette victoire, ſi c'en eſt une, étoit humiliante pour celui qui la remportoit! Si d'Alberoni eût pû lire au fond de mon cœur, quels ſentimens il auroit vû qu'il m'inſpiroit! Mais ce cœur, mon cher Charlot, ne fut pas de ma défaite; & tu n'ignores pas que les faveurs qu'il ne donne point, n'en ſçauroient être de réelles. Je vécus ſix mois dans ce honteux commerce ; d'Alberoni qui ne m'aimoit que par fantaiſie, ſe refroidit bientôt ; & comme il ne ſçavoit pas ſe contraindre, & qu'avec de l'argent on trouve tous les jours dans ce pays-ci de nouvelles femmes, il me le dit, & me quitta.

Pourquoi, interrompit Frere Charles, ne revîntes-vous pas alors chez la Comteſſe ? Hélas ! je n'étois pas encore Capucin ; que vous m'auriez évité de douleur ! Qui vous auroit fait un crime d'avoir cédé dans des circonſtances auſſi critiques que celles où vous vous étiez trouvée ? Une jeune fille ſans expérience fût-elle jamais regardée comme complice des excès d'un homme ſans mœurs & ſans honneur ? .... Je fus retenue par une fauſſe honte ; je m'imaginai qu'on pourroit croire que j'avois conſenti à mon enlevement, & qu'on ne voudroit plus me recevoir...... Que fîtes vous après ? Que devîntes-vous ? Que de choses je crains d'apprendre !....... Je pourrois, mon cher Charlot, en passer beaucoup sous silence ; mais je veux être sincere ; je n'ai plus que cette voye pour regagner ton estime. Je restai à Naples, où mon histoire fut divulguée dans tous les cercles. Un jeune Seigneur très-riche se présenta pour remplacer d'Alberoni ; ne pouvant plus retourner chez la Comtesse, & privée des choses nécessaires à la vie, je fus encore obligée d'accepter sa proposition. Pour couper court, enfin, sur un détail qui m'humilie, je passai successivement en trois ou quatre mains différentes, & je ne suis demeurée sans engagement que depuis la mort du Prince de Libanie, qui après avoir vécu une année avec moi, me laissa par son testament cet Hôtel où nous sommes, & dix mille écus de pension viagere, qui me ſont très-exactement payés. Voilà, mon cher Charlot, quelle eſt mon hiſtoire; & n'ai-je pas eu raiſon de te prévenir que je n'étois plus digne de ton amour!

Un Capucin, & ſur-tout un Frere, réputé indigne par ſon état, ne doit pas être ſi difficile qu'un autre. Frere Charles le ſçavoit bien. Auſſi, quoiqu'oppreſſé de tout ce qu'il avoit entendu, loin de s'amuſer à gémir & à ſe plaindre de ſon étoile, ſçût-il gré à Flavia d'avoir encore conſervé quelque ſouvenir de lui. Je ſerai trop heureux, lui dit-il, ſi je puis réveiller en vous ces ſentimens qui nous étoient ſi chers autrefois; on a beau faire, ma chere Liſette, on ne peut éviter ſa deſtinée. Nos Peres me l'ont appris, & ce ne ſont pas, quoi qu'on en diſe dans le monde, des gens ignares & non lettrés. Il étoit écrit que tout ce qui vous eſt arrivé, vous arriveroit : il l'étoit également que je devois être Capucin, puiſque je le ſuis ; n'allons donc pas nous conſumer en plaintes inutiles. Oublions tout ce qui eſt paſſé ; ne penſons, ma chere Liſette, qu'à jouir du préſent ; & ne nous occupons qu'à faire renaître, s'il eſt poſſible, cette intimité parfaite, cette confiance mutuelle qui nous uniſſoit autrefois.

Vous y réuſſirez ſans effort, répondit Flavia ; mes ſentimens, quoique ſuſpendus, ne ſe ſont jamais éteints : de tems en tems je me plus à penſer à mon cher Charlot ; je me ſuis toujours flattée de le revoir un jour, & je me trouve à préſent, pour lui, au même point que chez la Comteſſe.

Tout en parlant tendreſſe, le tems s'étoit écoulé ; Frere Charles ne reparut ce jour-là que fort tard au Couvent ; & ſi Flavia n'eût eu l'attention de lui fournir avant ſon départ de bonnes excuſes ſonnantes, il auroit été fort mal reçu : mais moyennant l'importance de la quête, on ne put ſe livrer aux réprimandes.

---

## CHAPITRE VI.

*Flavia engage Frere Charles à ſe défaire de ſa barbe, & Frere Charles eſt ſans barbe.*

LE talent pour la quête étoit devenu fort utile à Frere Charles. Toutes les fois qu'il ſortoit pour la faire, ce qui lui arrivoit ſouvent, & ce qui paſſoit pour un zèle extraordinaire, il diſpoſoit ſi bien ſon tems, qu'il lui reſtoit toujours quelques heures pour Flavia. Un jour qu'il l'embraſſoit avec toute l'ardeur dont on eſt capable après pluſieurs années de continence, les poils de ſa barbe entrerent dans ſa belle bouche, & la firent vomir: les barbes dès-lors commencerent à lui devenir en horreur. Je ne conçois pas, lui dit-elle, quelle a été l'idée du bon Saint François de vouloir que tous ses Disciples portassent des cheveux au menton : rien n'est si indécent & si mal-propre ; s'il a prétendu par-là les déclarer indignes d'approcher les femmes, il n'a pas manqué son objet. Tiens, mon cher Charlot, défais-toi de la tienne ; c'est bien assez que je te passes & les mains sales, & la robe puante, & les sandales. Mais, répondit Frere Charles, que diront nos Religieux ? Que deviendront nos regles ? Tu les laisseras parler, reprit Flavia, gronder à leur aise ; abus, abus que vos regles ! Mais attends, attends, je vais te fournir un expédient qui évitera les soupçons & les reproches. Elle se leve, passe dans son cabinet de toilette, & reparoît une petite fiole à la main : Prends cette bouteille, lui dit-elle, emportes-la dans ta cellule, & caches-la avec soin ; il suffira de te frotter tous les soirs le menton avec l'eau qu'elle renferme, & peu à peu ta barbe tombera. Tu en paroîtras ſurpris toi-même, & on attribuera à la foibleſſe de ton tempérament, ou à quelque maladie, la force de la liqueur que je viens de te donner.... A merveille, répondit Frere Charles, rien n'eſt mieux imaginé; & entre nous ſoit dit, les barbes m'ont toujours paru ridicules.

Comme fut dit, fut fait, & bientôt Frere Charles eſt ſans barbe. Mais on ne fut pas auſſi crédule au Couvent que Flavia l'avoit cru; on queſtionna le Frere, on viſita ſa chambre, on découvrit l'artifice, & Frere Charles fut mis en pénitence. Privé de l'eau dont il avoit coutume de ſe ſervir, & dans la force de l'âge, la barbe revint promptement.

Flavia étonnée de revoir Frere Charles avec plus de cheveux au menton que jamais, lui en demanda la cauſe; il la lui apprit.

# CHAPITRE VII.

*Flavia indignée contre tous les Capucins, détermine Frere Charles à leur couper la barbe.*

Les femmes ſont extrêmes en tout, & Flavia en étoit une; le détail des coups de diſcipline que Frere Charles avoit reçu, pour s'être ſervi de l'eau qu'elle lui avoit donnée, l'irrita contre tous les Capucins. Elle réſolut de ſe venger d'une maniere bien ſinguliere. Il me paroît, dit-elle à Frere Charles, que tous vos confreres ſont fort jaloux de leurs barbes. Eh! bien, c'eſt préciſément à cauſe de cela qu'il faut les en priver: qu'ils apprennent ce que c'eſt que d'irriter une femme. Je vais te propoſer, mon cher Charlot, un coup hardi; mais il n'y a rien d'impoſſible à un Amant, quand il s'agit de venger ſa Maîtreſſe : ſi donc tu m'aimes auſſi tendrement que tu me le dis, tu iras dès ce ſoir couper toi-même la barbe à tous les Capucins de ton Couvent ; tu m'apporteras ici toutes ces barbes raſſemblées ; j'en ferai faire un matelas, ſur lequel je me propoſe de te faire éprouver des ſenſations délicates, & goûter des plaiſirs nouveaux, que le ſel de la plaiſanterie rendra d'autant plus piquans... Y avez-vous bien réfléchi, ma chere Liſette ? Eſt-ce bien à un homme qui vous eſt cher, que vous devez propoſer de courir à une perte inévitable ? Comment pouvez-vous imaginer qu'il ſoit poſſible que je réuſſiſſe ſans être apperçu ? La barbe conſtitue le Capucin ; un Capucin ſans barbe n'en ſeroit plus un. Et puis vous ſçavez, car je crois vous l'avoir dit, que nos Religieux en ſont ſi jaloux, que pluſieurs d'entr'eux paſſent plus de tems à la peigner, à l'arranger, que vous à votre toilette.... Tu t'épouvantes mal-à-propos; le fait eſt infiniment ſimple : j'ai ici une liqueur qui a la vertu de faire dormir pendant douze heures; & tellement dormir, qu'on aſſiégeroit & bombarderoit la maiſon qu'on ne s'éveilleroit pas. Tu mettras un peu de cette liqueur dans tous les plats que l'on ſervira ce ſoir au ſouper; & au milieu de la nuit, tu pourras en toute ſûreté, de bons ciſeaux à la main, aller faire ce que j'exige. Cette opération faite, comme tu ſeras le ſeul qui ne dormira pas, tu prendras les clefs, ſortiras du Couvent, & viendras ici. Mes gens te recevront, je ferai diſpoſer des habits, nous brûlerons tes haillons, & nous rirons de tout notre cœur aux dépens des bons Peres.

Il n'y avoit pas à répliquer; Flavia étoit abſolue dans ſes volontés, & vouloit être obéie ſur le champ. Frere Charles emporte, tout en tremblant, la funeſte liqueur ; il ſuit, tout penſif & à pas lents, le chemin qui conduit à ſon Couvent. Il apprête le ſouper à l'ordinaire ; la cloche du réfectoire ſonne ; il prend ſa bouteille, & le cœur tout palpitant, verſe ſa liqueur.

A peine les Peres ſont-ils couchés, qu'elle produit ſon effet.

## CHAPITRE VIII.

*Frere Charles coupe la barbe à tous les Capucins de ſon Couvent ; ce qui en arrive.*

FRERE Charles n'étoit pas à ſon aiſe en attendant l'inſtant qui devoit décider des barbes capucinales ; les heures s'écouloient trop rapidement à ſon gré. Cependant celle marquée frappe ; il ſe leve différentes fois, & ſe raſſied ; il ſe releve & ſe raſſied encore, tant qu'enfin l'amour & le plaiſir de ſe venger prirent le deſſus.

A la faveur d'une lampe ſépulcrale, il monte au dortoir, un grand ſac ſur l'épaule & de forts ciſeaux à la main; il entre dans les chambres, trouve tout dans un ſilence profond, & les Révérends empaquetés dans leurs robes & dans leurs capuchons; rien ne s'oppoſe à l'exécution de ſon projet, il coupe, coupe, & déjà ſon ſac étoit preſque plein. Vient le tour du Provincial. Ah! mon Révérend, diſoit Frere Charles, enhardi par le ſuccès, vous y paſſerez comme les autres. Mais, quoi! vous êtes mollement couché, cinq à ſix matelas ſeulement, des draps de la plus fine toile, & puis une belle chemiſe! Voilà donc comment ſe conduiſent ceux qui devroient donner l'exemple? Hélas! pour nous pauvres ſubalternes, plus néceſſaires cependant, & plus utiles que votre belle Eminence, un miſérable grabat dur comme le fer, nous ſert de repos; & vous, vous faites gémir les couſſins! Pour vous punir de votre délicateſſe, vous n'aurez plus cette barbe ſi vantée, même plus de tonſure.

Il ne reſtoit plus qu'un ſeul Capucin à débarbifier, lorſqu'une voix infernale ſe fit entendre... Que fais-tu, perfide? Lâche Apoſtat, de quoi t'aviſes-tu? Pour ſatisfaire un reſſentiment injuſte, pour plaire à une capricieuſe mépriſable, tu prives l'Ordre de ſon plus bel ornement. De par Saint François, je te conjure d'arrêter.

Frere Charles n'en attendit pas davantage; la frayeur le ſaiſit, il laiſſe tomber & ſac & ciſeaux: il vouloit fuir à grands pas; mais ce ſpectre horrible ſembloit l'arrêter, & ſes jambes tremblantes, qu'il croyoit liées par une force inviſible, ſe refuſoient à ſon zèle.

Cependant il parvient à ſortir du Couvent;

vent; toutes les bornes lui paroissent des gens apostés pour l'arrêter ; il heurte un passant, aux genoux duquel il étoit prêt à se prosterner, s'il se fût arrêté, & arrive enfin chez Flavia dans l'état d'un homme qui touche à sa derniere heure. Vos ordres sont exécutés, lui dit-il, & les Capucins n'ont plus de barbe.... Et où sont-elles donc ? Ne deviez-vous pas me les apporter ?... Oui, je le devois, puisque je m'y étois engagé ; mais lorsque j'entrois dans la derniere cellule, un esprit, envoyé sans doute par notre Fondateur, m'est apparu, m'a reproché ma perfidie, & conjuré d'arrêter. Tout déconcerté, tout transis, je laissai les barbes, & ne songeai qu'à fuir loin de ce spectre hideux qui me fait encore trembler... Eh ! quoi ! mon cher Charlot, tu crois donc aux revenans ? Tu as bien de la bonté de reste ; ce qui est mort est bien mort : je le vois, tu ne t'es pas armé d'assez de fermeté, tu n'as agi qu'en tremblant, tu t'es imaginé voir un eſprit, & tu l'as cru bonnement; mais il n'en étoit rien; il n'y a pas plus de revenans que de ſorciers, je te l'aſſure. Je vais te donner un ſecond; car je veux que ma vengeance ſoit complette. Daviano eſt de toutes mes confidences, il va partir avec toi; ſurtout plus de terreur, plus d'eſprits, & qu'on me rapporte les barbes.

Frere Charles avoit cela de commun avec bien d'autres; ſecondé d'un homme intrépide, il auroit été au bout du monde.

Le charme de la liqueur ſoporifique ne devoit pas encore ceſſer ſi-tôt: enſorte que cette ſeconde expédition ſe fit ſans accident.

Pour cette nuit les bons Peres furent exempts d'aller à Matines; tous dormirent la graſſe matinée, & tous ſe leverent en même-tems à huit heures du matin.

Le premier levé porte la main au menton, il croit dormir encore, il touſſe, crache & conſulte ſon miroir. Point de barbe. Celui-là eſt plaiſant, dit-il, quelque voiſin m'aura joué ce tour. Il ouvre ſa porte ; un autre s'y préſente ; leur premier regard ſe porte au menton.... Eh ! quoi, mon Pere, vous êtes auſſi ſans barbe ? Et vous auſſi, repliqua l'autre ? Mais il y a du ſurnaturel dans tout ceci. Un troiſieme, un quatrieme, un cinquieme, un ſixieme, & puis toute la maiſon ſurvient ; même ſurpriſe, même étonnement.

On fait fermer les portes, on aſſemble toute la Communauté pour délibérer ſur un événement auſſi intéreſſant. Excepté Frere Charles, tous les Religieux comparoiſſent. Les ſoupçons tombent ſur lui, & les ſoupçons tournent en certitude en rappellant l'averſion qu'il avoit pour les barbes, & le moyen dont il avoit uſé pour ſe débarraſſer de la ſienne.

# CHAPITRE IX.

*Assemblée des Capucins ; ce qu'il y fut arrêté.*

A L'AIR grave & affairé des Capucins, on auroit cru qu'ils avoient à regler des articles qui devoient donner une nouvelle face à l'Univers, & cependant il ne s'agissoit que de barbes coupées. Mais tout ce qui regarde une Communauté est toujours réglé dans les formes, & avec des airs d'importance.

On arrêta donc que, jusqu'à quinzaine, les Capucins ne feroient plus l'Office, & ne se montreroient plus en public ; qu'on feroit rechercher Frere Charles, & que s'il étoit retrouvé, il feroit puni suivant la rigueur des réglemens.

L'histoire des Capucins de Naples se répandit dans toute la Ville ; on accouroit en foule pour voir l'effet que devoit produire toute une Communauté de Capucins sans barbe ; mais ces bons Religieux, désolés & tapis dans leurs cellules, ne se montrerent pas.

La quinzaine se passe, & les barbes n'étoient pas encore revenues assez longues pour reparoître décemment en public.

On assemble de nouveau le Chapitre, & on y délibere, que pour ne pas discontinuer plus long-tems le service Divin, & ne pas décréditer la Maison, on porteroit des barbes postiches.

Alors les Capucins se montrent, & les Offices se disent à l'ordinaire.

Le Pere Gardien, Prédicateur d'une grande réputation, fit afficher qu'il prêcheroit le premier Dimanche ; Flavia en fut instruite, & voulut assister à ce Sermon, accompagnée de Frere Charles. Je veux, lui dit-elle, jouir de l'embarras de ces Capucins. Frere Charles, qui portoit alors le nom de Mazaniello, fit tous ses efforts pour la faire renoncer à ce parti. Je serai arrêté, lui dit-il, cela est inévitable; & vous ignorez jusqu'où peut aller la haine des Capucins.... Non, non, tu ne seras pas reconnu, tu as trop changé de décoration : on ne voit plus rien en toi qui sente le Capucin; & puis quelle ressemblance peut-on trouver entre un homme chaussé avec des sandales, couvert d'une robe sale & dégoûtante, qui lui pend depuis la tête jusqu'aux pieds; & ce même homme richement & élégamment vêtu, frisé avec goût, & placé auprès d'une jolie femme, qui réfléchit sur lui une partie de son éclat ?

Malgré tous ces raisonnemens, Charlot étoit inquiet sur les suites de la démarche qu'il alloit faire; elle étoit imprudente & téméraire, il le sentoit bien; mais comment résister à une Amante chérie, que le moindre refus peut faire perdre ? Tous les autres malheurs ſont foibles, comparés à celui-là.

On ſe rendit donc au Sermon; & le Prédicateur, qui, vû les circonſtances, avoit choiſi pour ſon texte, ce précepte, *non furtum facies*, vous ne volerez pas; en prit occaſion de faire quelques vives ſorties contre le coupeur des barbes de ſon Couvent. Il fit enviſager cette action comme un vol ſacrilége; & dans un moment où il la peignoit avec les couleurs les plus noires, où il entroit dans le feu de la paſſion, le petit fil qui tenoit ſa barbe poſtiche, caſſe; elle tombe; tout l'Auditoire ſe met à rire; & le pauvre Prédicateur, ne pouvant appaiſer le bruit, fut obligé de ſe retirer fort confus.

# CHAPITRE X.

*Frere Charles eſt reconnu & arrêté ; ſa punition.*

LA barbe tombée entretenoit l'inattention des Auditeurs ; tout le monde vouloit la voir, elle paſſoit dans toutes les mains.

Pour mettre fin à cette ſcene vraiment comique, on députa quelques jeunes Profès ; ils chercherent long-tems cette fatale barbe qui avoit interrompu le plus beau diſcours du monde ; tous leurs ſoins étoient inutiles. A force de regarder de côté & d'autre, ils arrivent à l'endroit où étoit placée Flavia. Ils reconnoiſſent Frere Charles à ſes côtés, qui faiſoit tous ſes efforts pour paroître moins grand qu'il n'étoit, & cachoit ſoigneuſement ſon viſage. A l'inſtant l'Egliſe retentit de cris,

tantôt

tantôt mêlés de joye, tantôt de fureur. Le voilà, le voilà, cè traître, cet apoſtat, ce deſtructeur des barbes. On l'arrêta auſſi-tôt, & on le conduiſit, bien & dûement eſcorté, dans un lieu ſûr.

Flavia qui n'avoit pas voulu faire connoître qu'elle étoit complice de Frere Charles, parut ne prendre aucune part à ſa diſgrace, & ne le pas connoître. Elle laiſſe ſortir la foule, & ſort elle-même, faiſant la meilleure contenance qu'il lui fut poſſible; mais fermement décidée à délivrer ſon Amant, & à achever la ruine totale des Capucins.

Frere Charles n'attendit pas long-tems la punition dûe à ſon crime. Dès le même ſoir il reçut la diſcipline de tous les membres de la Communauté, juſqu'à extinction de force; & le lendemain, ſans autre forme de procès, il fut enterré tout vif, ſe portant bien.

# CHAPITRE XI.

*Frere Charles est délivré par sa Maîtresse, & le Couvent des Capucins aboli.*

FLAVIA avoit été aimée autrefois d'un grand Seigneur très-puissant & en faveur à la Cour; elle lui écrivit qu'un de ses parens, Frere Capucin, étoit cruellement tourmenté par ses Supérieurs, qu'il portoit sur tout son corps des marques de leur fureur, & qu'il avoit été menacé, il y avoit quelques jours, d'une prison perpétuelle; que c'étoit rendre un grand service à l'humanité opprimée, que d'obtenir du Roi un ordre pour tirer ce malheureux Frere des mains de ses bourreaux.

Cet ordre fut rendu sur le champ; le Porteur se transporte au Couvent des Capucins, accompagné d'une Brigade; il ſomme les Religieux, de la part du Roi, de lui remettre à l'inſtant le Frere Charles. Nous ſommes les maîtres de nos Religieux, lui répondit-on, & nous pourrions nous diſpenſer de vous en dire davantage; mais nous ſommes auſſi ſoumis aux ordres de notre Monarque. Celui que vous demandez a été envoyé en Province; le Pere Provincial ſeul ſçait le lieu de ſa deſtination, & il n'eſt pas ici.

Cette réponſe ne ſatisfit pas l'eſcorte; elle entre dans le Couvent malgré les repréſentations, & cherche par-tout le pauvre Frere Charles. Les Capucins aſſiſtent à ſa viſite, tant qu'elle eſt éloignée de l'endroit où étoit celui qu'on cherchoit; elle arrive enfin au fond d'un jardin, où étoit un vieux bâtiment qui paroiſſoit n'être plus d'aucune utilité; alors les Capucins quitterent la partie, & l'eſcorte entra ſans eſſuyer la moindre réſiſtance. On apperçut une large pierre qui sembloit avoir été déplacée tout récemment, on la leve; elle couvroit un petit souterrein, où le Frere Charles, pâle & décharné, étoit étendu presque sans vie & sans force, dans l'état de pure nature: une chandelle mourante éclairoit ce lieu de la vengeance capucinale; on en trouva plusieurs autres dans un paquet, quelques livres de mauvais pain, & quatre bouteilles d'eau; quelques lambeaux pourris de robes, & des ossemens ne permirent pas de douter que bien d'autres malheureux avoient expirés dans cet infernal caveau. On remonte Frere Charles; & tandis que quelques-uns des gens de l'escorte mettoient ses jours en sûreté, les autres arrêtoient tous les Capucins.

Cette cruauté inouie fit, à ces Peres, des ennemis de tous les habitans de Naples. Leur Couvent fut démoli; quelques Religieux perdirent la vie, les autres furent chassés ignominieusement, & les barbes à jamais proscrites.

Par ce coup inattendu, Frere Charles recouvrit sa liberté entiere, & devint maître de son sort. Voilà comme les plus grands revers menent quelquefois dans le chemin du bonheur.

Dès que Frere Charles eut repris assez de forces pour sortir sans danger, il vit sa chere Lisette. Son imprudence l'avoit fait entrer dans le tombeau; mais cette même imprudence l'en avoit tiré, dégagé de ses liens : il ne la regarda plus, dès qu'il eut appris ce qu'elle avoit fait pour lui, que comme sa bienfaitrice.

## CHAPITRE XII.

*Charlot épouse Flavia. Ils quittent Naples & viennent demeurer à Paris. Ce qu'il leur arriva pendant le voyage.*

Les dangers que Flavia fit courir à Charlot pendant qu'il étoit Frere Capucin, pourroient donner lieu de penser qu'elle en étoit peu amoureuse; on se tromperoit beaucoup; elle l'aimoit éperdûment : mais elle étoit vindicative à l'excès; quand cette passion regnoit chez elle, toutes autres en étoient exclues; & d'ailleurs en faisant servir son Amant à sa vengeance, elle étoit sûre, en cas de mauvais succès, de prévenir ou au moins d'arrêter le ressentiment des Capucins.

L'histoire des barbes un peu appaisée, Flavia ouvrit son cœur à Charlot. Sans les malheurs, lui dit-elle, qui nous ont toujours accablés depuis que nous nous connoissons, il y auroit long-tems que nous serions unis. Notre situation paroît à présent changée de face, nous sommes libres; n'attendons pas que d'autres infortunes viennent encore nous séparer; saisissons l'instant; & que des liens indissolubles, déjà formés par l'union de nos cœurs, nous attachent pour toujours l'un à l'autre.

Que vous êtes généreuse, répondit Charlot ! Que votre procédé est rare ! Jamais je n'aurois osé vous proposer ce que vous m'offrez si noblement. Souvent j'ai désiré que vous fussiez moins riche ; votre fortune me paroissoit un obstacle à mon bonheur. Que je vous connoissois mal ! Vous comblez mes vœux, lorsque je n'avois qu'une foible espérance.

Dès ce moment Charlot & Flavia se jurerent une fidélité éternèlle ; & quelques jours après, ils renouvellerent leurs engagemens aux pieds d'un Prêtre.

On avoit pris toutes les précautions possibles pour que le mariage ne fît point d'éclat ; il transpira cependant dans le public, & Flavia se vit exposée, dans plusieurs maisons où elle alloit, à des railleries piquantes. Charlot en fut humilié. Je ne crois pas, lui dit-il un jour, que nous devions rester plus long-tems à Naples; il faudra ne voir personne, ce qui est fort maussade; ou nous préparer à essuyer tous les jours de mauvaises plaisanteries, ce qui n'est point du tout plaisant; & nous en avons déjà assez entendu. Quittons cette Ville, vendons cet Hôtel, ces meubles; le produit de la vente sera considérable; nous en aurons assez, avec les dix mille écus de pension, pour vivre fort honorablement à Paris, où nous ne serons point connus, & où nous serons considérés, puisque nous serons riches.

Flavia applaudit à ce changement; elle fait tout disposer en diligence pour le départ. Tout est bientôt préparé, tout se vend bien, & on part en bonne chaise de poste.

Un voyage ne sçauroit se faire sans accidens, cela est dans la regle; aussi en arriva-t-il dans celui-ci.

A peine est-on arrivé sur les terres de

France que la chaiſe ſe rompit de maniere à ne pouvoir ſe raccommoder. Nos voyageurs furent obligés de prendre la voiture publique ; & ils y trouverent, ce qu'on y trouve aſſez communément, un Capucin, un Officier, & une Demoiſelle de la moyenne vertu, ce qui devoit faire un contraſte aſſez amuſant pour eux.

A la premiere dînée on ne manqua pas à ſe demander d'où l'on venoit, où on alloit. Charlot ne fit pas le diſſimulé : nous venons de Naples, dit-il, & nous allons à Paris. Oh ! parbleu, la rencontre eſt heureuſe, dit le Gendarme, vous allez donc nous régaler du détail exact de l'aventure des Capucins de ce pays-là : on la dit fort plaiſante ; & nous en rirons bien, ſi le Pere le permet, ajouta-t-il, en ſe tournant du côté du Capucin ; & puis dans les voitures comme celles-ci, aſſez ennuyeuſes par elles-mêmes, on doit s'amuſer de tout.

Cette queſtion ne laiſſa pas que d'inquiéter Charlot ; il avoit été Capucin lui-même, & il ſe trouvoit vis-à-vis d'un Capucin, qui pouvoit être Napolitain, & qui d'ailleurs paroiſſoit reſpectable par le nombre de ſes années ; mais Flavia, qui ſaiſiſſoit avec avidité toutes les occaſions qui ſe préſentoient d'humilier ces Religieux, le tira d'embarras, & ſe chargea avec plaiſir du récit de l'hiſtoire. Elle s'en tira bien ; aucune circonſtance ne lui échappa ; & ſa maniere ingénieuſe & maligne de raconter, ajoutoit encore à la ſingularité des faits. Tous ſes compagnons de voyage lui donnerent des éloges, tous étoient enchantés, excepté le vieux Pere, qui faiſoit une fort ſotte figure. Le Gendarme ſur-tout rioit de tout ſon cœur, battoit des mains & des pieds à chaque moment. La femme admirable, s'écria-t-il, que cette Flavia ! Le valeureux champion que ce Frere Charles ! Si je les voyois, je les embrafferois tous deux mille & mille fois.

Pendant tout ceci, le Capucin étoit fort embarraffé de fa perfonne, il ne fçavoit que devenir. Son embarras & fa triftesse, la joye & les éclats de rire des autres voyageurs, qui tous avoient les yeux fixés fur lui, formoient le contrafte le plus fingulier.

Il fut cependant affez maître de lui-même pour tout entendre & ne rien répliquer : mais la Demoifelle qui jufqu'alors s'étoit contentée de participer à la commune joye, ayant voulu, à fon tour, jouer fon rôle & le plaifanter, fa conftance l'abandonna tout-à-coup. Et vous auffi, Mademoifelle, lui dit-il, vous vous mettez de la partie : oh ! cela eft trop fort. Eh ! pourquoi donc, reprit-elle, voulez-vous que je fois la feule qui ne m'amufe point aux dépens des Capucins de Naples ? Ce qui leur eft arrivé me paroît, comme aux autres, fort plaiſant. Vous, vous trouvez cela fort inſipide, vous ne riez pas; vous avez raiſon, puiſque vous êtes Capucin.... Et vous, Mademoiſelle, vous les aimez. Sçachez, une autre fois, être plus retenue, plus circonſpecte, & craignez que je ne vous faſſe connoître.... Parlez, parlez, mon Révérend : je ne fais pas un myſtere de ce que j'ai été, & je n'entends pas que ceux qui en ſont inſtruits gardent le ſilence; & que pouvez-vous dire? Que j'ai été d'abord entretenue par un gros Gardien, & puis après par un Seigneur; cela eſt vrai, & fort connu... Voilà bien les ſentimens des filles de votre eſpece : elles s'abandonnent aux crimes avec plaiſir, elles en font l'aveu avec vanité.

Cette querelle alloit devenir ſérieuſe, ſi le Gendarme n'en avoit arrêté les progrès. Mon Pere, dit-il au Capucin, vous vous fâchez là fort mal-à-propos, il n'eſt ici question que des Capucins de Naples; & de tous les propos auxquels on s'est livré sur leur compte, il n'en réfléchit rien sur vous. Cessez, Monsieur, reprit le Capucin, de me parler d'une histoire qui manque de vraisemblance & qui est tout-à-fait romanesque. Romanesque, reprit le Gendarme : oh! point du tout, s'il vous plaît, mon Pere; on ne doit pas élever la moindre suspicion sur ce qui sort de la bouche d'une aimable femme, sur-tout quand on voit autant de candeur que Madame en a montré.... Vous êtes galans, vous autres gens du monde, & conséquemment crédules sur tout ce qui émane du sexe. Vous faites très-bien; mais moi, vous me permettrez de croire ce qu'il me plaira... Puisque vous insistez, mon Pere, j'ai ici de quoi vous convaincre : tenez, continua-t-il, en lui présentant la Gazette, lisez cet article; peut-être en croirez-vous les papiers publics ?... Les Gazettiers ſont des ſots, ils écrivent ce qu'on veut ; au ſurplus, un pareil événement n'eſt pas à craindre en France... Et qu'en ſçavez-vous ? Si je trouvois une Flavia, je me ſens bien taillé pour jouer le rôle de Frere Charles de Naples.... Vous n'y réuſſiriez pas, ou au moins vous ſeriez puni très-rigoureuſement ; & nos barbes revenues, nous les porterions comme à l'ordinaire. Elles ſont révérées dans ce pays-ci.... Révérées tant qu'il vous plaira, je ne les couperois pas moins. Et n'eſt-il pas de la derniere indécence que des gens expoſés à ſe trouver avec de jolies femmes, ce qui vous arrive aujourd'hui à vous-même, paroiſſent avec de vilains cheveux au menton ? Si vous voulez abſolument avoir des barbes, ſoit ; au moins ne vous montrez pas.

# CHAPITRE XIII.

*Flavia arrivée à Paris y accouche d'une fille.*

Le récit de cette aventure, que Flavia avoit enjolivé au gré de ſon imagination, fit paroître les jours fort courts; on arriva à Paris ſans avoir fait attention à la longueur du voyage.

Quelques jours après, Flavia commença à ſentir les douleurs de l'enfantement. Elle accoucha d'une fille qui lui cauſa les plus vives angoiſſes.

Le matelas fait des barbes des Capucins de Naples, & les impreſſions que tous les événemens qu'on vient de lire avoient laiſſées dans le cerveau de Flavia, influérent ſur ſon enfant; il vint au monde avec une figure livide, & une longue barbe au menton. Charlot fut pénétré de ce malheur.

Flavia inquiéte sur l'état de sa fille, demandoit toujours à la voir, & toujours on le lui refusoit sous différens prétextes. Elle mourut trois jours après sa naissance, & ce ne fut pas un grand mal : on l'apprit à la mere; & pour rendre ses regrets moins vifs, on lui dit l'effet funeste que les barbes des Capucins avoient produit. Cette circonstance fit qu'elle la pleura peu.

L'espérance de donner l'être à d'autres enfans mieux conformés, acheva de lui faire oublier sa premiere née. L'aventure des Capucins de Naples lui sert encore de tems en tems de récréation ; & elle vit maintenant aussi tranquillement qu'il est possible, avec un honnête homme qui ne s'occupe qu'à lui complaire.

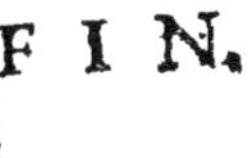

FIN.

www.ingramcontent.com/pod-product-compliance
Ingram Content Group UK Ltd.
Pitfield, Milton Keynes, MK11 3LW, UK
UKHW020951180726
13838UKWH00003B/1257